CASI COMO UNA APARICIÓN

CASI COMO UNA APARICIÓN

Javier Fajarnés Durán

Pre-Textos

POESÍA

Diseño gráfico: PRE-TEXTOS (S.G.E.)
Primera edición: noviembre de 2025

© Javier Fajarnés Durán, 2025
© de la presente edición:
PRE-TEXTOS, 2025
Luis Santángel, 10
46005 Valencia
www.pre-textos.com

IMPRESO EN ESPAÑA / PRINTED IN SPAIN
ISBN: 978-84-10309-82-1 – DEPÓSITO LEGAL: V-3687-2023

Impreso en Safekat S.L.

La corriente necesita, necesita… Pero el
agua tiene sin tenencia, tiene sin tener.

VLADIMÍR HOLAN

(I)

VELAR EL SOL

I

Me citaste al otro lado del verano.
De pie frente a la puerta roja
no sé si entrar.

Estás allí:
en la playa de las aguas lentas,
donde los niños que no son tuyos
juegan, se cortan,
se hacen torniquetes
y vuelven a jugar.

Y tú contemplas sus vidas fáciles,
tranquila desde el agua,
y los esperas, me esperas,
dispuesta para salvarnos.

En esa playa camináis desnudos.
Lo hacéis indistintamente
sobre la arena o sobre la luz.

Y yo para llegar a ti
debería descalzarme,
quitarme las costumbres,
decir indistintamente

las olas, tu pelo,
los peces en el aire.

El sol, al ponerse,
deja un hueco en el cielo,
y si camináramos en línea recta
podríamos salir por él.

Esas cartas que me escribes
no son para leerlas.
Si las abro, se vacían.

Lo mismo ocurre con el mar
al abrir la puerta.

(Espero a que baje la marea).

II

Un sol eclipsa al sol
y de pronto no estoy ciego.
Agujero de palomas:
la noche lava el mundo.

Vendrá la primavera
como un viento de agua
y en cualquier lugar u hora
la primera flor.

No esperes la palabra.
Ella no manda aquí.
El mar trae los incendios
de islas lejanas
y mi paso por la arena
no arroja al fuego más verdad.

Templo al mediodía los metales.
El horizonte parte el mundo
y me obliga a elegir:
tierra o transparencia,
salto de agua o pájaro.

Los años sobre los años
vuelven más alta la cruz.

III

Otoño. Las páginas se vuelven amarillas.
Escribes la caída de las hojas
sobre la infancia seca que cruje.

Esa historia se mastica con la boca abierta.
Molesta a quienes la olvidaron.
Tardes de noviembre
que cruzábamos campo a través.

Los años se hacen pan sobre la mesa.
Zumbamos como moscas sin entrar.
«Son lugares para entrar descalzo
–lugares de memoria–
donde todos te preguntan en su lengua extraña».

Nadie las habla todas salvo Dios.

IV

Los niños en los colegios;
el óxido de los patios en su corazón.

Dentro, el aire es negro.
(Alguien se comió la luz).
Los niños juegan a enterrar los juegos
y doblan su mirada en un papel.

Yo coral en el poema.
Con los años se desgaja en *túes*.

Filas de caritas blancas.
Cantos de ceniza.

V

Por una escalera baja el sol
hasta la noche.
Dios revuelve en esta hora
la leche y la ceniza.

Niño, sal del templo.
Aquel no es tu lugar.
Hay palabras amarillas
en los muros de los años.

Miro las distancias para limpiarme.
El aire trae dones
que caen junto a mí.
Puedo recogerlos,
poner luz sobre luz,
pero siempre en mi cabeza
seguirá siendo de noche.

Niño, sal del templo,
entra en el jardín.
Nada crece más allá
de las flores
—y de los cuchillos—.

Aunque cierres la puerta
seguirá siendo de noche.
(Las manos atraviesan la pared).

Toma una porción de pan,
desmenuza tu nombre.
Colócalo junto al cadáver
que hay sobre la cama.

VI

El ángel entre dos accidentes:

Explosión de alas.

Explosión de alas.

VII

«

»

Este silencio ya estaba dicho,
ya escrito en el cielo de la boca.

Espero el disparo azul
que lo interrumpa.

VIII

Cada noche sucede un accidente.
Un perro se ahoga en alguna parte,
un sol se estrella contra la pared,
un hombre cuece demasiado el pan
y entonces nadie toma a Cristo el domingo.

Cada noche parto una vara.
Digo: lo que no cruje es inútil.
Escucho el estallido de los huesos,
de las ramas,
de la lluvia o qué más da: cruje.

Hecha de la misma densidad
desciendes sobre las cosas.
Tú, sin nombre tú,
doblo el mundo para que entre
por los ojos
no: nada rompe esta vigilia.

Digo: lo que se estrella, calla.
Un sol se escurre en la pared.
Nadie ha reclamado su cadáver.

Hecha de la misma lentitud
desciendes sobre las cosas.
Tú, nombrada: tú.

La belleza nos alumbra dando golpes.

Al final del diario un abismo.
Detrás, la casa negra.
Me siento a la mesa y como
puñados de carbón.

IX

En este vertedero se amontonan
las cruces.

Mi amiga canta junto a ellas con un sol en la frente.

Así,
es imposible arder:
las aguas de la infancia
se lo impiden.

X

Abrir, mirar y coser:
unir los puntos.

Nacer, morir:
dos puntos.

XI

Talar un árbol:
desplazar los pájaros.

Si taláramos todos
pesaría demasiado el aire.

XII

Si lo nuestro estuviera escrito
cambiaría algunas frases por silencios
borraría toda línea de dolor
y ordenaría de otro modo las mejores partes

no habría capítulos en blanco
ni días que olvidar
y siempre al llegar a casa
echar la llave y dejar las bolsas
estaría uno de los dos despierto
dispuesto a escucharlo todo

pero si en mitad del sueño
un relámpago nos despertara
rápido comprenderíamos
que el amor no es
eso
que en nuestra historia tan perfecta
habríamos matado al amor

porque lo nuestro no es sólo
lo que ya tenemos
sino también aquello
que nos falta por vivir
y aunque uno de los dos se vaya

antes de que lo nuevo llegue
será tan puro como lo que fuimos

será amor
porque será esperanza

XIII

Vienes con la boca llena
para hablar de todo.

Si la abres, callas.

No podemos hablar
desde el vacío.

XIV

La muerte es siempre horizontal
murmuraba Tsiganok acostado en una tabla.

La nieve ha llegado para derretirse
y por eso escribes en ella tu nombre.

No hace falta que lo busques:
bajo la cama se pudre el sol.

Poco a poco vas sorbiendo
cucharadas de este mundo
y sólo al saciarte
hablas.

XV

Todos los corazones
latiendo al mismo tiempo.

Estruendo, estruendo, estruendo.

(…)

Silencio.

XVI

El agua corre entre dos puertas.
Mi corazón, envuelto en ella,
corre también.

Venimos a este mundo desde el agua.
Nos vamos hacia un mar
de piedras y de noche.

Lanzo mi llave al río:
abro los caminos.
El sonido es un silencio
pero un círculo en el agua.

Los pájaros se limpian
en la orilla los vuelos.

(La sangre de mis manos se limpia también).

Salgo del espejo para entrar al agua.
El agua lleva todo salvo el agua.

XVII

La niña rara que colecciona insectos,
el loco que habla contra la pared,
los devotos que comen hostias para purgarse
y abandonan a Dios en los lavabos.

El barrio rojo que sustituye al sol,
el primer corredor del día,
las agujas que marcan el tiempo
y las que lo drenan.

Los carteles de neón en el desierto
(las mujeres de neón que parpadean),
los ángeles en los escaparates
que te conceden dones a cambio de pan.

Los patios azules,
los tendederos de piel,
los que bajan su memoria al río
para lavarla.
Los que sacuden los recuerdos
en las ventanas
y los amnésicos que los mendigan.

Los criadores de ojos,
los que los cambian por guijarros,

las caracolas que guardan la muerte del mar.
Las camas donde se apilan los amantes:
donde fermentan.
(Los restos esparcidos del amor).

Los perturbados,
los inquilinos de las plantas bajas,
los que se pasan los años
escribiendo sobre los años.

Los que predican, los que bendicen,
los que dicen...

Todos:
los que irremediablemente callan.

(II)

LOS NUEVOS DÍAS

BIS

Detrás de tu ventana suena una canción.
Dice algo parecido a lo de siempre.
Siempre en el trigal de mi recuerdo
me llamas con un gesto feliz.

Detrás de la ventana no estás tú.
Solamente una música sin ruido.

Tampoco están las prisas que envuelven la ciudad…

Me pego al cristal
y te oigo dentro.

LOS NUEVOS DÍAS

Bajamos por el río hasta un agua más profunda.
Luz sobre la luz escrita:
no se ha dicho este poema antes.

Mi amiga inclina la cabeza como un vaso.
Me dice bebe.
El viento ha girado las señales
y nadie encuentra la salida.

El laberinto empieza aquí:
dentro de la casa.
En los pasillos donde se perdió el misterio.

Como un juego de pelota
nos pasamos los recuerdos
hasta que uno de los dos se rinde.

CABEZA

Tu cabeza contra las rocas.
Golpe de luz.
Cualquier caída es muda.

No dicen las palabras desde el aire
ni tampoco ese muñeco
al que reza mamá.

De pie se hace de piedra
el ángel.
Los niños lo imitan en la nieve.

Baja el sol de noche.
(Sube el agua de nivel).

LOS AHOGADOS

Cementerio de ballenas. El cielo bajo el agua.
Te arrancas las escamas al final del día.

Desnudo se pisa mejor la noche
no quieres molestar a los que al lado duermen.
Un ángel corre de la playa al cielo
y me dice que le siga.

Todos los ahogados con la boca abierta
–llenos de azul–
se alejan de este mundo de palabras secas.

Palabras que las doblas y se parten.
Palabras con la (cás)cara vacía.
ostra cerrado cielo
Lo escuchas más claro bajo el agua.

POSTALES

Agosto. Te haces la muerta en mi boca.
Papá grita cuando nadas a lo más azul
porque allí empieza el silencio.

No vuelvas a esta imagen:
los paseos de camisa blanca,
el loco que enciende hogueras en la arena
para llamar a Dios.
Desmembrado el ángel me sigue con los ojos.
Se lo comen los turistas alemanes.
El agua retrocede a medianoche
y te deja correr más lejos.

Luz negra en el poema.
Al cogerlo se disloca el sol.
Rompe los pestillos para que entres.

Ya estás amiga.
A nado viva en mi boca.
Las palabras que te empujan hacia el fondo
nadie las elige.

ESSAI

Escrito a medianoche.
Se parte el día y las palabras.
Alguien dice *minuit* para que sea más dulce
y quepan los poemas por la puerta.

Sí en lo negro,
un fantasma me cruza de puntillas,
le da miedo que lo agarre.

Dentro ya muchos,
síes como él.
El resto de las luces son mentira.

BLANCO

Cuaderno en el centro de la mesa.
Sin tocarlo lo llenas de ti.
Es un cuaderno de no recuerdos,
de no signos,
de un blanco que siempre te recibe.

Sólo los libros no escritos
verdaderamente permanecen.
En ellos no hay nada que pudrirse.
Libros que paseas en tu cabeza,
que les dictas mudo,
que recitas al revés a tus amigos muertos.

Morir es desleer las cosas
y nombrarlas con ladridos.

Escúchales ladrar.

CASI COMO UNA APARICIÓN

De pronto, la vi a mi lado.
Casi como una aparición.
Su cuerpo forma exacta del vacío.

No hubo cartel de bienvenida,
lugar donde quedarse,
sólo un frío revestido de esperanza.

Estabas en el asco y la esperanza,
en verdades divididas por el rayo,
entre dos arcenes ciegos
por los que pasan las caras,
la nostalgia y el amor.

SOMBRAS CHINAS

Tan dentro de mí
que te deshice en la memoria.
Los días que nos dejan su rastro habitual.
Algunos siguen ese rastro
hacia el sótano del mundo
donde un ángel se lame su tumor azul.

Detrás de las pantallas
fingimos animales.
Los rompemos con las manos
para gusto de los otros.

Aplauden mientras no salpique
—en esto se basa el juego—
volver sin más señales
de la vida.

R.E.M.

Tu boca blanda llena de hojas,
el silencio vegetal,
las cuatro paredes que te ocupan ciega.

Tu cuerpo en el centro de la cama,
la nieve extendiéndose en el techo,
tu cuerpo absorbido por la nieve.

De pronto la caída,
el gozo precipitado de las aves
y de los planetas.
El gran agujero que abren en ti.

Y que te vuelven cada vez más grave,
más densa, hundiéndote en tu ser remoto.
Hasta dejar la casa sola, las paredes solas,
la sola claridad.

T.

Los largos pasillos por los que corre tu voz,
la noche que rebota en tus siete lados,
la nieve ralentizando tu efecto de volcán
y el amor como un cadáver que levita.

Tu imagen aturdida bajo los escombros,
las cerillas en tu lengua de papel,
los secretos que me grabas
mientras grito
y las ondas que dispersan tu verdad.

Los ojos dulces cubiertos de insectos,
la lava azul de la memoria,
el cuarto retorcido en el sudor
y el ágil pensamiento que tortura.

PANTERA

Sueño adolescente:

una superficie que revela:

tu gesto alucinado de pantera

DOS LADOS

Hay una evidencia o la ilusión
de una evidencia,
un tigre que sesea en la buhardilla.

Hay un olvido
o el retrato de un olvido,
dos amantes petrificados bajo el hielo.

Hay un deseo
o la voluntad de un deseo,
arrancarte de tu sombra vertical.

Hay lo que hay ahora,
la luz intermitente,
las largas salas de espera,
la sorda convicción de ser algo
en alguien.

FUNÁMBULA

Bailabas sobre cables de ceniza,
sobre la levedad del fuego,
con pies y ojos incendiados nos bailabas.

Bailabas para espantar las bestias
y dejarnos aún más solos.
En el ridículo silencio nos bailabas.

Bailabas como bailan los tristes,
tarareándote a ti misma,
con la imagen de tu imagen nos bailabas.

Nos bailabas
esperando la pregunta.

LAGUNA

En estos ratos libres que dedico a imaginar
cuando rodeo incansable siempre el mismo pensamiento
una sombra se me sienta al lado
exigiendo cuentas
por haberme ido de pronto
a pesar de amarla ayer.

BUENAVENTURA

Lo que señalas te señala.
Entre ambos, una brecha de luz.
Arden los amenes bajo los silos
como los barcos al girar contra la brecha.

Escucha aún la voz de lo visible,
te grita *todas las terrazas dan al mar.*
Es un adiós encendido de pañuelos negros
que los párpados confirman en su cerrazón.

Sabes bien qué significa esto,
los abrazos bajo puños de cal viva,
los que rumian en las sombras la tristeza,
y la sangre y el cansancio circular...

Cerca está lo que nos salva.

LA VISIÓN

I.

Nos perdimos al final del frío.
Lentas las almas nos guiaban
con lenguajes de vapor.
Había secas transparencias,
miradas inconclusas,
armarios llenos de dulzura
bajo pájaros de alambre.
Estaba el tiempo extendido
ante nosotros,
–su rostro apoyado en el amor–
largas distancias
por las que vamos juntos,
de las que no volvemos
a compartir la misma historia
indiferente.
Teníamos la fe
en una última visita,
sentarnos entre el humo y los amigos
hasta que el tiempo nos doblara la coartada
como un coche que atraviesa la visión.

II.

Que esta lluvia repentina
despierte en la mañana clara
tu cuerpo lleno de extravíos
por las mantas de cristal.

Que irrumpa entera con sus dedos
te dé un abrazo transparente
te inunde larga de ternura
y se acoja a tu medida.

Yo esperaré entre tanto
revuelto en la oscura sequedad
con afán de que me abras
tuya
la presa rebosante
de visiones.

Y se irá cuanto deba irse
arrasado por tu fuerza de corriente
confiándome lo justo para ser
un hombre un poco más tranquilo.

KOI

Hay que ser fiel al no para que llegue el sí.
Te espero a oscuras con las luces
encendidas.

Sólo en la contradicción se opone cierta resistencia
—un ojo que se duerme en mitad del huracán—.

Acaricio las palabras
entre carpas japonesas
que se escurren por el ruido
violento
de las calles.

CIERVOS

Lo que suceda en adelante
lo guardaremos en secreto,
en un lugar tan alejado
que quizás se nos olvide,
y cuando un día decidamos
dar la vuelta,
cansados de la novedad,
poco a poco nos irán apareciendo
–igual que ciervos entre la maleza–
las cosas que quisimos
e ignoramos ya querer.

LA VISITA

A menudo poco importan los motivos,
la fuerza que nos empuja
o nos detiene.
A menudo dan avisos de tormenta
aunque nada haya cambiado
entre los dos.

Si miro al balcón donde te asomas,
si tuerzo otra vez por esa esquina,
te veré del mismo modo que te invento
a cualquier hora, en cualquier calle
de cualquier ciudad.

(III)

EL ACCIDENTE

Cierra el libro.
No dejes que se escape el agua.
Hace tiempo que lo escribes todo
con palabras demasiado líquidas.

Este libro se lee apoyando la mano
–igual que los que juran–
y la mitad de lo escrito
se va con las mareas.

No tengas prisa.
Cada vez es más grande el sol.
Dios baja las persianas
y nos confía el mundo.

Mira:
al fondo, cojeando, los felices.
Los que han sobrevivido.
Vienen hasta nosotros para contarlo.

«Chocaron los dos trenes...
nos barrió el temblor...
un ángel de neón
atravesó la carretera».

Ahora ocupan sus sillas de niño,
se disputan el pan,
preguntan por los hombres extraños
de las fotos.

No sabemos qué decirles.
Han dejado de ser ellos.

Mejor así:
Sería muy difícil explicarles
el milagro.

ÍNDICE

(I)
VELAR EL SOL

(II)
LOS NUEVOS DÍAS

(III)
EL ACCIDENTE

ESTA PRIMERA EDICIÓN DE
CASI COMO UNA APARICIÓN
DE JAVIER FAJARNÉS DURÁN
SE TERMINÓ DE IMPRIMIR
EL DÍA 27 DE OCTUBRE DE 2025